APPEL
AUX BRETONS

POUR LA REVENDICATION

DES LIBERTÉS NATIONALES

PAR

M. LE COMTE DE COETLOGON.

Prix : 1 franc.

A PARIS

CHEZ SAPIA, LIBRAIRE-ÉDITEUR,
RUE DU DOYENNÉ, 12;

DENTU, LIBRAIRE, PALAIS-ROYAL,
GALERIE D'ORLÉANS, 15;

A. LEGALLOIS, ÉDITEUR,
rue des Prêtres-Saint-Germain-l'Auxerrois, 11.

—

1844

APPEL
AUX BRETONS.

PARIS. — IMPRIMERIE DE SAPIA,
RUE DU DOYENNÉ, 12.

APPEL
AUX BRETONS

POUR LA REVENDICATION

DES LIBERTÉS NATIONALES

PAR

M. LE COMTE DE COETLOGON.

Prix : 1 franc.

A PARIS

CHEZ SAPIA, LIBRAIRE-ÉDITEUR,

RUE DU DOYENNÉ, 12;

DENTU, LIBRAIRE, PALAIS-ROYAL,

GALERIE D'ORLÉANS, 13;

A. LEGALLOIS, ÉDITEUR,

rue des Prêtres-Saint-Germain-l'Auxerrois, 11.

—

1844

APPEL
AUX BRETONS.

La liberté est ancienne, le despotisme seul est nouveau.

Mme DE STAEL.

Le passé, le présent, sont les échelons de l'avenir. — C'est en s'appuyant sur le passé, en accommodant le présent aux besoins, aux progrès du siècle, qu'il est possible de fonder l'avenir. Une nation ne saurait exister sans avenir et sans but; elle ne saurait parler aujourd'hui de sa nationalité sans avoir été hier, sans être demain.

Les grandes nations seules ont un but, une fonction dans l'univers; elles ne sont grandes qu'à ce prix. Prenant pour exemple les deux principales nations de la société européenne, d'une part nous voyons l'Angleterre protestante poursuivre avec persévérance sa mission toute commerciale, toute d'intérêts matériels et d'individualisme; mission néfaste, dont les conséquences, poussées à leurs dernières limites, seraient de démoraliser le globe, d'amener le désordre, la dislocation de la société humaine, le chaos. Au contraire, la France catholique, héritière de la Rome des Césars et fille aînée de la Rome de Saint-Pierre, opère depuis lors sur elle-même le grand travail de la société du Christ sur la société païenne, et, à chaque progrès qui s'opère chez elle, elle remue l'Europe en lui imposant cette conquête par la force de son génie; sa mission, toute de progrès, toute de civilisation, tend à constituer l'unité, la liberté de l'Europe, du monde entier.

Le travail qui s'opère aujourd'hui dans la société française en est la preuve évidente; tout y marche vers un but unique, celui de réunir avec force les éléments de l'unité française. Une puissance irrésistible, plus forte que tous les obstacles, l'y pousse avec persévérance. Une vaste réforme, accomplie déjà dans les esprits, va s'opérer dans les institutions.

Les causes des malentendus de 89 ont disparu; il n'y a plus aujourd'hui, comme alors, des fragments de nation cherchant avec effort à se souder l'un à l'autre; il n'existe plus que trente-cinq millions de parcelles de l'unité nationale, inégales en puissance, il est vrai, mais toutes élément homogène d'un même ensemble. Ce que des esprits élevés ont tenté en 89 se fera aujourd'hui. En vain de petits obstacles viendront s'opposer à la marche de la nation, l'unité se fera; elle se fait; les difficultés ont diminué depuis cette époque de toutes les forces que la nation a acquise elle-même.

Insensé assurément serait celui qui, découpant sur la carte du monde civilisé un fragment quelconque d'empire, lui jetterait une constitution sortie de son cerveau, en lui disant : soyez nation; plus fou encore serait celui qui dirait à un peuple : que cherchez-vous à modifier votre loi organique! votre voisin est content de la sienne, prenez-la. C'est cependant ce que l'on a fait dans notre beau pays de France :

par ces essais maladroits, on l'a arrêté dans son essor, on l'a détourné un instant de son but, et des hommes ineptes, égoïstes ou traîtres voudraient encore perpétuer cet état! Pouvons-nous, devons-nous le souffrir? Etre ou n'être pas, telle est la question, et nous serons, car nous avons toujours été, et nous sommes encore.

En vain les révolutions ont failli rompre le lien national; au moment où le siècle, marchant à pas de géants, l'étirait avec une violence qui semblait au-dessus de ses forces, c'est alors que la nationalité française, réagissant sur le lien social avec une force supérieure à tout, vint faire un nœud à l'endroit affaibli.

Ouvriers infatigables, il nous faut aujourd'hui multiplier les nœuds qui relient ensemble l'élément français, et, montrant l'exemple, tendre avec force, dans le sens de son prolongement, le fil conducteur, obligeant ainsi chacun, en y mettant la main, à marcher dans la bonne voie sans le tirer à lui.

Le but des efforts de l'époque actuelle, l'action du moment, est d'achever, de compléter l'unité française, afin qu'elle pèse sur le monde de tout son poids et qu'elle puisse, dans la suite des siècles, réaliser le motif de sa création. Tous les éléments français doivent donc marcher vers ce but; tous doivent venir se fondre dans l'union nationale.

Si je m'adresse aujourd'hui aux Bretons, à mes compatriotes, c'est que, plus que tous les autres, ils doivent me comprendre; c'est que, faisant partie de la grande famille française en se joignant à elle, ils ne sont point venus lui demander d'être libres, ils l'étaient; ils sont venus lui demander la force comme nation, en lui apportant celle dont ils pouvaient disposer eux-mêmes, comme citoyens d'un état libre : ils ont donc droit, à plus d'un titre, de venir dire au pays légal, *aux deux cent mille* : qu'avez-vous fait de nos antiques libertés? de celles que nous avaient transmises nos pères, qu'ils ont défendues pendant les mauvais jours, et que nous sommes prêts à défendre aussi, nous leurs descendants.

Jetons-leur à la face notre passé; disons-leurs : Descendants des républiques armoricaines, sous nos rois, sous nos ducs et sous les rois de France, nous avons su conserver nos droits, et nous souffririons que vous, gens du milieu, vous veniez nous mesurer les libertés dont nous devons jouir! Arrière donc, messieurs, car, en nous faisant France, nous avons eu la prétention de grandir et non de nous rapetisser à votre taille; et, pour leur rappeler ce que nous étions, ce que nous voulons être encore, sauf les modifications apportées par la marche des siècles, qui n'ont pu nous faire reculer, nous allons succinctement jeter un coup-d'œil sur les principaux actes de nos assemblées des Etats. Ces assemblées créatrices et gardiennes de l'antique constitution bretonne, des libertés, des droits du pays, ont toujours su non-seulement comprendre et accepter tous les progrès, mais souvent même encore, après la réunion, prendre l'initiative des grandes questions de liberté, en vertu de leurs droits et au nom de la France entière.

« En 399, sous le règne de Conan, Silvius, qui jouissait « d'un grand crédit auprès de ce prince, lui conseillait de « convoquer une assemblée de la nation, comme au temps « où les Armoricains délibéraient sur les affaires du pays. « Plus tard, le roi Salomon III est contraint de renoncer à

« un pélerinage à Rome par suite de refus de subsides de la « part des Etats.

« Erispoé, en 852, dote le monastère de Redon, du con« sentement de ses fidèles sujets.

« En 1205, Guy de Thouars transfère une de ses terres à « l'abbaye de Villeneuve, de l'avis et de l'assentiment des « évêques, barons, vavasseurs et autres hommes de Bre« tagne.

« En 1309, le duc Jean II convoque, à Ploërmel, les Etats « du pays; et les députés du tiers y furent principalement « appelés par la considération que c'était sur eux que pe« saient les abus qu'il s'agissait de réformer. »

« En 1330, sous le duc Jean III, on rédigea une compila« tion des dispositions législatives conservées soit par l'u« sage, soit par écrit; ce code est connu sous le nom d'an« cienne coutume.

« Jeanne de Montfort, en 1352, convoque les Etats à Di« nan, pour aviser aux moyens de rendre la liberté à son « mari. »

« En 1393, le duc Jean de Montfort fonde une église sur « le lieu où il gagne la bataille d'Aurai; il la dote et fait « ratifier cette donation par l'assemblée des Etats.

« En 1424, Jean V, avec le concours des Etats, promulgua « un corps de lois auquel il donna le titre de constitution. « Pierre II y ajouta de nouvelles dispositions, dans les Etats « tenus à Vannes en 1451.

Et, entr'autres, celle-ci, que nous recommandons à l'attention de nos modernes législateurs :

« Il fut ordonné que les procureurs-généraux et particu« liers du duc, que ceux des prélats, barons et autres sei-

« gneurs, fussent tenus de plaider la cause des pauvres « gratuitement. »

« François II convoque, en 1459, les Etats, pour fixer le « douaire des trois veuves des derniers ducs, faisant précéder « cette demande d'une déclaration par laquelle il reconnais- « sait que les impôts ne pouvaient être établis que du con- « sentement des Etats et devaient cesser de plein droit s'ils « n'étaient prorogés par la même autorité.

« Le même duc les convoque de nouveau pour légitimer, « par leur assentiment, son entrée dans la ligue du bien « public. En 1462, on régla les formes de procédure.

« En 1486, il demande leur assentiment pour que sa fille « aînée lui succède, promettant de les consulter de nou- « veau à l'époque de son mariage. Ce fut à cette assemblée « que l'on créa un parlement sédentaire qui devait rempla- « cer la commission temporaire que nommait les Etats pour « rendre la justice, dont l'administration suprême leur ap- « partenait, afin de pouvoir se réserver aux affaires d'inté- « rêt général. »

« Au mois d'août 1488, les Etats ratifient le traité de paix « fait avec la France. »

« En 1559, les usements furent soumis à une nouvelle « rédaction, et celle qu'on publia en 1580 reçut le nom de « nouvelle coutume. »

Depuis que la Bretagne existe, elle est intervenue dans les affaires du pays et par l'organe des Etats; non-seulement elle s'administrait, mais elle se gouvernait même conjointement avec ses princes, qui lui rendaient compte de leurs actes et venaient en solliciter l'approbation. Ces assemblées législatives et financières consentaient les impôts, les lois générales, et prenaient part à toutes les mesures gouvernementales importantes, mariages, traités, donations de terres, même à l'Eglise, tout est de leur compétence; elles voyaient tout, contrôlaient tout, et la Bretagne le faisait avec elles et par elles, et lorsque cette province vint s'unir à la grande famille française, elle n'abandonna aucun de ses droits, auxquels les rois de France eux-mêmes rendirent toujours hommage; en devenant français, en un mot, le noble duché voulut rester une terre libre, et ce principe conditionnel de la réunion ne trouva de contradicteur dans aucun des rois de France.

« En 1492, Charles VIII, lors de son mariage avec la du-
« chesse Anne, déclara aux Etats assemblés que la justice
« serait administrée, comme par le passé, par le parlement;
« que les impôts ne seraient levés en Bretagne qu'avec leur
« consentement, et que ceux qui avaient pour objet l'entre-
« tien des places fortes, ponts et routes, ne pourraient être,
« sous aucuns prétextes, détournés de leur destination.

« Lors de son second mariage, la duchesse Anne eut soin
« d'exiger, la veille, une déclaration de Louis XII, qui ga-
« rantissait les priviléges de la province. Les Etats du pays,
« ajoutait la déclaration, seront régulièrement convoqués,
« et aucun impôt ne sera levé sans leur consentement; les
« bénéfices situés en Bretagne ne pourront être donnés qu'à
« des nationaux.

« En 1512, les Etats, en prononçant la réunion irrévoca-
« ble à la France de la Bretagne, que plusieurs rois avaient
« déjà possédée par mariage, réservèrent les droits et liber-
« tés du pays.

« En 1514, Louis XII, en mariant sa fille à François, duc

« d'Angoulème, à la demande des Etats, lui remit l'admi-
« nistration du duché.

« En 1529, lorsqu'il fut question de payer la rançon des « fils de François Ier, restés en otages à Madrid, ce prince « demanda un subside à la Bretagne : les Etats votèrent une « somme, les villes offrirent un don gratuit, et les gentils- « hommes déclarèrent qu'ils paieraient le vingtième du pro- « duit de leurs terres.

« En 1596, les Etats de Rennes accordèrent au roi Henri « un subside de 300,000 écus, mais en le suppliant de ne « pas souffrir que les Anglais occupassent un port en Bre- « tagne. Ces alliés intéressés, perdant l'espérance de former « un établissement sur cette côte, repassèrent la mer. Après « la perte de la flotte espagnole sur la plage du Conquet, « Henri se présenta sur les frontières de Bretagne avec une « partie de ses forces. Il s'y fit précéder de lettres qui pré- « venaient ses fidèles Bretons de sa prochaine arrivée ; lors- « que ces lettres furent lues à l'Hotel-de-Ville en présence « du parlement et des notables, tous s'écrièrent : que le roi « demande ce qu'il voudra, nous avons exposé nos vies « pour son service, nous pouvons y employer nos biens. Les « Etats décrétèrent, outre les impôts destinés aux dépenses « de la guerre, un emprunt de deux cent cinquante mille « écus, les habitants de Saint-Malo offrirent de la poudre et « des boulets, etc.

« Après avoir visité Nantes, en traversant les Landes pour « venir à Rennes, le bon roi Henri, en voyant la misère des « paysans, s'écria : où mes pauvres Bretons trouveront-ils « tout l'argent qu'ils m'ont promis !

« Pour remplir les engagements qui avaient amené la

« paix, les Etats accordèrent encore 800,000 écus, et of-
« frirent à Sully, qui refusa, 6,000 écus, en reconnais-
« sance de son zèle et de son affection pour la province.

« En 1763, sous Louis XV, différentes mesures attenta-
« toires à leur liberté ayant irrité les Bretons, les commis-
« saires du roi vinrent demander aux Etats un nouvel impôt,
« désigné sous le nom de sou pour livre. Pendant quatorze
« jours, cette assemblée garda un silence absolu et finit par
« un refus formel. »

Est-il besoin de rappeler plus longuement à la Bretagne ce qu'elle a toujours été, même avant de s'associer à la grande nation dont elle s'enorgueillit maintenant de faire partie, dont elle est une des gloires les plus pures, un des plus forts boulevarts, une des plus belles annexes, elle dont le dévouement à la patrie n'a jamais failli; qui a protesté contre toutes les révolutions, qu'elles fussent filles de l'ambition des rois ou de la folie des peuples; elle qui a su conserver dans son cœur, malgré les tempêtes soulevées par les passions, un amour également profond pour la liberté et pour la monarchie.

Ainsi que nous le voyons par les citations qui précèdent, la liberté est ancienne en Bretagne; le vote des impôts par les Etats, par la nation représentée, remonte aux temps les plus reculés de son histoire; jamais la moindre levée de deniers n'a eu lieu dans le duché sans avoir été consentie par le vote libre de ses représentants. Ces bonnes traditions se perpétuent dans la suite des temps, et parfois des refus de subsides viennent protester en faveur de la liberté, et contre le mauvais emploi des fonds publics. Le refus d'impôt, arme plus terrible, plus logique mille fois que l'épée, donne, aux peuples assaillis par le despotisme et l'arbitraire, le pouvoir de contraindre, sans sortir de la légalité, leurs gouvernants à y rentrer eux-mêmes.

Les Bretons, logiques dans leurs actions, ont toujours répondu à la violence brutale par le glaive, à la contrainte morale par la loi : impassibles à l'heure du danger, quel qu'en soit la nature, comme les rochers de leur pays, rien ne les fait changer. Si le granit de Bretagne a résisté aux effort des tempêtes, a opposé une digue aux flots de l'Océan, les révolutions ont vainement glissé sur le cœur de Bretons. hommes libres, avant tout, il sont toujours restés les mêmes; mais, tout en restant attachés à leurs libertés provinciales[1], depuis leur réunion à la France ils n'en montrèrent pas moins toujours leur dévouement à leur nouvelle patrie, aux rois qu'ils avaient acceptés, et dans les moments critiques, ainsi qu'ils le firent sous Henri IV, ils allèrent même au-devant de leurs besoins.

Lors de la convocation du Tiers aux Etats de Ploërmel, en 1309, les temps avaient marché; on pensait alors qu'il y avait des abus à réformer, des progrès à obtenir, que chaque jour il surgissait de nouveaux droits.

Serions-nous donc arrivés à un tel état de perfection sociale qu'il fallut se déclarer satisfaits, et les six millions de Français auxquels, en 89, on reconnaissait des droits, se sont-ils tout-à-coup réduits à 200,000? n'ont-ils point laissé de fils héritiers de leurs droits? Prouvez-nous-le, nous nous tairons, nous essaierons alors de nous nier à nous-même notre propre existence.

Remarquons-le en passant, le nom de Ploërmel est d'un heureux augure pour la liberté; c'est dans cette ville que le peuple, en Bretagne, commença à entamer le monopole féodal, en faisant reconnaître des droits à ceux auxquels on imposait des charges. C'est encore de Ploërmel que s'élève aujourd'hui un cri puissant contre le monopole actuel. Le député de la cité bretonne, le noble marquis de la Rochejaquelein, vient de couronner ces nombreuses protestations en faveur de la liberté, par un éclatant appel à la souveraineté nationale. Nul doute que les électeurs de Ploërmel se souviendront du rôle que joua leur ville en 1300, et que, répondant comme un seul homme à la voix de leur digne représentant, ils le renverront continuer, au sein de la chambre, ses nobles efforts pour détruire un monopole plus odieux que la féodalité; car elle acceptait les charges en échange des droits dont elle revendiquait le monopole. Tandis qu'égoïste et honteux, notre monopole, sans sacrifice aucun, sans qu'aucune charge particulière pèse sur ceux qui en profitent, prétend enlever aux citoyens le contrôle de leurs propres affaires, les exclure, leur fermer le pays légal, et constituer au sein d'une nation de trente-cinq millions d'hommes, une caste de deux cent milles privilégiés vers lesquels tout viendrait se concentrer. Que donnent-ils donc à la nation pour exiger autant d'elle? rien de plus que les autres; comme tous les Français, leurs impôts sont proportionnels à leur fortune. Mais que font ils donc pour elle?

Le corps électoral, est-ce l'armée? ceux qui le composent sont-ils seuls aux jours du danger à présenter leur poitrine à l'ennemi? Non, tous les Français doivent sept ans de service militaire à leur patrie, et tous acquittent cette dette.

Si l'histoire du passé constate à chaque page l'amour des

Bretons pour leur liberté, elle constate encore la susceptibilité, la vigilance de ce peuple pour maintenir intacte sa constitution, pour empêcher cet être moral, appelé la *Nation*, de se scinder en plusieurs parties, pour s'opposer à la division des intérêts du prince et du pays; séparation qui ne peut amener que la perte de l'un et la ruine de l'autre. C'est cette idée persévérante qui mit la Bretagne à la tête du grand mouvement de 89 et l'arma contre 93.

En 1788, les idées qui fermentaient dans la France entière avaient mis aussi la Bretagne en émoi; elle réclamait de tout son pouvoir le moyen qui devait tout concilier, la convocation des Etats-Généraux du royaume; mais, inquiète, comme les autres provinces, des entreprises de la cour, elle se tenait en garde contre tout; craignant pour sa liberté, elle s'opposait avec énergie à toutes les mesures qui pouvaient, selon elle, y porter atteinte.

Ainsi, à la simple rumeur de la modification des parlements, celui de Bretagne s'assemble et proteste « contre « toutes nouvelles lois qui pourraient porter atteinte aux « lois constitutives du royaume, aux droits de la nation « française, aux droits et franchises de la province de Bre- « tagne, etc., déclarant, en outre, que de pareils change- « ments, intéressant essentiellement la constitution, ne « pourraient être admis qu'après avoir été consentis par les « Etats-Généraux, et, dans le ressort de la cour, qu'après « avoir été consentis par les Etats de Bretagne! »

Pendant que le Parlement délibérait, les Etats étaient aussi assemblés, et bientôt leur procureur-général syndic, accompagné d'une nombreuse députation, entra au parlement et prononça ce discours :

« Lorsqu'une alarme, universellement répandue, a jeté
« la consternation dans toutes les parties du royaume; que
« les coups de l'autorité surprise se multiplient de la ma-
« nière la plus effrayante, qu'ils frappent sur les citoyens
« de tous les ordres; lorsque la magistrature est peut-être
« sur le point de se voir victime de son inviolable attache-
« ment aux lois; que des ordres imprévus et précipités font
« descendre tout-à-coup et au même instant des commissai-
« res du roi dans toutes les provinces; que la voix publique
« nous apprend que la France entière est menacée des plus
« grands malheurs; lorsque tout, jusqu'au mystère impéné-
« trable dont on s'enveloppe, annonce les projets les plus
« désastreux, une opération destructive des formes consti-
« tutionnelles et des lois fondamentales de la monarchie,
« en général, et, en particulier, des droits, franchises et
« libertés de cette province, auxquels est essentiellement
« liée la constitution de la magistrature; lorsqu'enfin les
« ennemis de la chose publique et des véritables intérêts du
« roi semblent avoir formé le dessein funeste de rompre *le*
« *lien réciproque et sacré qui unit le souverain aux peuples,*
« *comme les peuples au souverain*, nous nous montrerions
« indignes de la confiance de la nation qui se repose sur
« notre vigilance et notre zèle; nous trahirions le plus cher,
« le plus essentiel de nos devoirs; nous serions absolument
« insensibles au cri du patriotisme et de l'honneur, si, dans
« une pareille extrémité, nous ne nous empressions pas de
« réclamer d'une manière authentique et solennelle contre
« toute atteinte qui serait portée à la constitution natio-
« nale.

« Spécialement chargé par les gens des trois états de veil-

« ler à la conservation des constitutions de la province, « consignées dans les anciens contrats ; à ses franchises et « libertés conservées par tous ceux passés avec MM. les « commissaires du roi, en chaque tenue; à ce qu'il ne soit « introduit aucune loi nouvelle qui y soit contraire, et de « nous opposer, en conséquence, à ce qu'il soit enregistré, « dans les cours souveraines de la province, aucuns édits, « déclarations du roi ou lettres-patentes, qui attaqueraient « les droits de cette province; et surtout à ce qu'il ne se « fasse aucune levée de deniers, non consentie par les Etats. « Chargé, enfin, de nous opposer partout où besoin sera « à tout ce qui serait contraire aux droits, franchises et li- « bertés de la province, auquel cas nous sommes autorisé « à nous adresser directement aux chambres assemblées du « Parlement. »

Puis l'orateur déclarait réclamer formellement l'exécution de l'article du contrat de mariage de Louis XII et de la duchesse Anne, ainsi que ceux du contrat d'union passé entre les Etats et le roi François Ier ; contrats qui, renouvelés par ses successeurs à chaque assemblée, reconnaissaient aux gens des trois Etats seuls le droit de changer, modifier ou interpréter les constitutions de la province, etc.

Puis venait, enfin, la protestation formelle du procureur-général syndic, au nom des Etats, « *pour l'intérêt du royau-* « *me, du monarque, de ses successeurs; pour l'intérêt des su-* « *jets du pays et duché de Bretagne*, etc., » contre la transcription de tous changements, ordonnances, édits, etc.

Les différentes commissions des Etats vinrent, en outre, adhérer à la protestation du procureur-général syndic, et la noblesse s'adressa en ces termes à M. le commandant-général :

« Nous vous remettons, Monsieur, la protestation que le « procureur-général syndic des Etats de Bretagne a déposée « au parlement. Nous ne doutons pas, Monsieur, que si Sa « Majesté en était instruite, elle ne retirât les ordres rigou- « reux que les ennemis de sa gloire et de la nation ont osé « lui surprendre, et qu'un vrai serviteur du roi ne saurait « exécuter. »

Les différents corps de la ville de Rennes vinrent aussi faire successivement leur protestation au Parlement : le présidial, la maîtrise des eaux-et-forêts, les avocats, les facultés, etc.

Enfin, le chapitre extraordinaire des dignitaires et chanoines de l'église de Rennes, assemblé après la grand'messe, au son des cloches et avec toute la solennité accoutumée, s'exprima ainsi :

« Sur ce qui a été représenté que l'arrivée de M. le com- « mandant et de M. le commissaire départi causait de vives « alarmes et présageait le renversement prochain de la ma- « gistrature et de la constitution nationale, prient M. le « commandant d'interposer ses bons offices et de détourner « le coup dont la province est menacée. »

Le 8 mai, toutes les chambres du Parlement étant assemblées, un des membres prend la parole, et, dans un discours très-véhement, demande que le garde-des-sceaux soit dénoncé au roi, à la nation, à tous les parlements, comme violateur des libertés françaises, comme auteur des coups d'autorité qui rendaient victimes d'un zèle pur des magistrats fidèles à leurs devoirs ; et qu'il soit pris un arrêté d'envoyer à cet effet une députation au pied du trône.

A la suite de ce discours, le Parlement prit un arrêté dans

lequel « considérant l'arrestation, dans le Parlement de Pa-
« ris, de MM. Groislard et d'Espréménil, use des derniers
« moments qui lui restent, et qu'il ne doit sans doute lui-
« même qu'aux vœux réunis des représentants de la nation
« et de tous les ordres des citoyens, qui ont suspendu jus-
« que-là les cours prêtes à les frapper, etc...

« Par toutes ces considérations, la Cour, persistant dans
« ses précédentes protestations, arrêts et arrêtés, déclare
« qu'elle ne peut cesser de réclamer contre toutes les at-
« teintes qui pourraient être portées contre les droits de la
« nation, aux droits, franchises et libertés de la province ;
« à la formation de ses tribunaux, à la sûreté personnelle
« des membres qui les composent, à la loi de l'enregistre-
« ment ; qu'elle doit représenter au seigneur roi que *l'as-
« semblée générale de la nation est désormais le seul remède
« aux maux dont elle est accablée* ; ordonne ladite cour, que
« le présent arrêté sera envoyé au seigneur roi, comme
« gage authentique de son attachement aux lois, de sa fidé-
« lité et de son amour pour la personne sacrée de Sa Ma-
« jesté. »

La noblesse, au même instant, prenait un arrêté ainsi conçu :

« Nous, soussignés, membres de la noblesse de la pro-
« vince de Bretagne, déclarons infâmes ceux qui pourraient
« accepter quelques places, soit dans l'administration nou-
« velle de la justice, soit dans les administrations des Etats,
« qui ne seraient pas avouées par les lois constitutionnelles
« de la province. »

Voilà comme, en mai 88, les Bretons se préparaient à la lutte ; voyons comment ils la soutinrent.

Dès cinq heures du matin, tous les magistrats se rendirent à leur poste.

A six heures, le régiment de Rohan prit les armes et alla se placer sur la Motte, promenade voisine du palais.

Au même instant le peuple inondait la place.

« La Cour délibérait, prenait la résolution de fermer les « portes du palais et d'en défendre l'entrée; décrétait toutes « personnes qui s'écarteraient de l'ordre prescrit par les « lois, et qui, chargées d'exécuter des ordres arbitraires, « viendraient, au nom du roi, profaner le temple de la jus- « tice; la Cour décida encore qu'on réclamerait la liberté « des opinions, et qu'en cas de violence elle garderait un si- « lence absolu. »

Les cris de la foule annoncèrent bientôt l'arrivée du comte de Thiard et des commissaires royaux; on n'entendit plus que les acclamations de *vive le Parlement* et de haro sur les exécuteurs de l'injustice.

Conduits jusqu'aux portes des chambres par la foule qui les entourait et les pressait, ils parvinrent jusqu'à la porte des chambres assemblées, et frappèrent à plusieurs reprises.

La Cour envoya vers le comte de Thiard son greffier en chef pour lui demander ses lettres de créance. Le comte, prétextant ses ordres, refusa de les montrer. A ce refus, les cris de la multitude redoublèrent; la foule entourait le comte et sa suite. Les compagnies de grenadiers et de chasseurs, cachés aux Cordeliers, débusquèrent alors et se précipitèrent dans l'enceinte du palais, tandis que le reste du régiment vint l'envelopper de tous côtés et se mettre en bataille sur trois colonnes, dont l'une faisait face au palais et l'autre à la foule qui remplissait la place.

Après plusieurs refus de la part de la Cour, la menace et les premières démonstrations de violence de la part du comte de Thiard, afin d'éviter des scènes de tumulte à la foule agitée, la Cour ordonna aux huissiers d'ouvrir les portes et de se retirer aussitôt.

A sept heures, le commandant entra, découvert et accompagné des commissaires du roi. La Cour se couvrit, et garda le silence ; le comte et les siens prirent place ; le président protesta de nouveau et à plusieurs reprises sur tout ce qui se passait ; le commandant déclara alors qu'il venait tenir un lit de justice. Après avoir défendu de désemparer, il donna lecture et fit enregistrer de force, par le greffier, les édits royaux, invitant le procureur-général à conclure ; celui-là protesta, chaque fois, au nom des droits de la province et ceux de la nation.

En levant la séance, le commandant distribua des lettres closes portant défense au parlement de s'assembler sous peine de forfaiture. De nouvelles protestations accueillirent ce nouvel ordre, et la Cour défila devant les troupes rangées en bataille dans la salle des procureurs. A sa sortie, elle fut accueillie par les acclamations de la foule ; celle des commissaires fut le signal des troubles sérieux qui, sans l'intervention des hommes graves amis et connus du peuple se fussent changés en lutte sanglante et en insurrection générale. Le cortége du comte fut assailli de pierres et de toutes sortes de projectiles, les troupes arrivèrent à son secours, les jeunes gens se précipitèrent dessus ; les baïonnettes pliaient sur leurs mains, les fusils étaient arrachés, les soldats renversés, le sang coulait déjà ; tout annonçait un danger imminent. L'officier de garde, M. de Nouainville, s'avança vers la foule, et, jetant ses armes, il s'écria : Mes amis, ne nous nous égorgeons pas, je suis citoyen comme vous... soldats, halte !

Cette conduite changea subitement les dispositions de la foule, qui cria: bravo! l'officier, et courut l'embrasser. Les commissaires du roi profitèrent de cette diversion pour se réfugier dans l'hôtel du commandant, dont on ferma aussitôt les portes.

Le maire fit retirer les troupes et répondit de la tranquillité; mais le peuple ne se divisa que pour garder pendant la nuit la demeure des magistrats menacés de lettres de cachet.

Le même jour, la commission intermédiaire des Etats écrivit une lettre au roi pour se plaindre amèrement de tout ce qui s'était passé, l'avertir de la fermentation générale et lui demander la convocation des Etats-Généraux.

Toutes les protestations qui avaient appuyé celle du cinq mai se reproduisirent alors avec le même ensemble et le même esprit et, malgré les réponses rassurantes pour les libertés bretonnes données par les ministres et le roi aux diverses députations des états, la crise continua jusqu'au ministère de Necker et la convocation des Etats Généraux demandée dans presque toutes les protestations. Nous donnerons enfin un extrait de la lettre des Etats de Bretagne adressée à Necker le 2 septembre 1788.

Après s'être félicité de sa venue au pouvoir, s'être plaint des derniers actes ministériels, « on a voulu, disaient-ils, « commander par la terreur, et on n'a pas songé que, bien « différent de l'empire de la justice (dont la perpétuité a

« pour gage l'amour et la confiance des peuples), le règne
« de la terreur ne peut être que passager, parce que les
« moyens dont on fait usage pour le soutenir suffisent seuls
« pour opérer sa destruction, etc... Les entreprises d'un
« ministre audacieux, la situation déplorable du royaume,
« sa gloire et même son existence, tout nécessite et rend
« indispensable la prochaine assemblée des Etats-Généraux :
« il n'y a point de moment à perdre ; il n'y aurait plus de
« remède à apporter. »

« C'est à la nation, monsieur, qu'il appartient de statuer
« sur le choix des moyens propres à la retirer de l'abîme
« où elle se trouve, et qui puissent surtout empêcher que
« de semblables événements ne se renouvellent. N'est-il pas
« douloureux de voir un royaume, que la nature semble
« avoir formé pour être l'Etat le plus florissant de l'univers,
« exposé à des révolutions successives, dont une seule eût
« suffi pour détruire à jamais tout autre empire. . . . . .

. . . .

« Les événements survenus depuis cette époque, les ré-
« flexions qu'ils ont amenées, les représentations qui les ont
« suivis, vous auront, monsieur, fait aisément reconnaître
« que plusieurs provinces, ayant des traités particuliers, il
« n'est ni juste ni permis *d'établir l'égalité entre les différen-*
« *tes parties du royaume*, *à* MOINS *qu'on ne prenne pour base*
« *de cette égalité l'Etat des provinces assez heureuses pour*
« *avoir conservé la constitution de la monarchie*, pour s'être
« préservé du fléau destructeur qui ravage presque toute
« la France ; il existe des droits auxquels on ne peut
« donner nulle espèce d'atteinte, sans méconnaître les
« engagements les plus solennels, sans rompre des trai-

« tés garantis par le sentiment respectif du souverain et des « peuples ; il n'est, en un mot, aucun degré d'avan- « tage pécuniaire ou politique qui doive porter à désirer « l'infraction des principes sur lesquels reposent l'ordre « public et la sûreté des propriétés particulières. . . . . .

. . . .

Ainsi que nous le voyons par les actes multipliés des Etats, des parlements et des diverses classes de citoyens, la Bretagne entière se plaça, dès 88, à la tête du grand mouvement de 89. Non encore atteinte elle-même par des mesures illégales, contraires à ses droits, libertés et privilé- ges, elle protesta, avec son énergie accoutumée, contre celles que l'on prenait au mépris de la constitution natio- nale, et, tout en protestant, elle demandait à grands cris le remède infaillible dans les temps de doute où la nation semble jetée hors des voies. L'assemblée générale de tous les français convoquée par le roi était, selon elle, le seul re- mède aux maux dont la patrie était menacée, et la voix pa- triote des bretons, dominant le tumulte des esprits, la de- mandait avec tenacité. Toujours à la tête des grands mou- vements nationaux comment pourraient-ils aujourd'hui rester en arrière? non, certes, ils n'y resteront point; ils reprendront bientôt leur poste de 88, et demanderont, comme alors, que les malentendus cessent enfin, que la na- tion soit convoquée, les droits de tous réglés et reconnus; qu'il n'y ait plus d'opprimés ni d'oppresseurs, car la recon- naissance des droits de tous peut seulement les réunir en un seul, le droit commun : les intérêts partiels ne peuvent avoir d'autre garantie que l'intérêt général; la liberté individuelle ne reposera jamais avec sécurité que sur la liberté de tous.

Aujourd'hui, le même cas se présente; car les conséquendu principe de 89 n'ont point encore reçu leur développement; et ceux que la France avait nommés ses représentants, en déchirant ses cahiers ne représentèrent plus que leurs propres passions. De là vinrent tous les malentendus par lesquels, de crise en crise, la révolution nous a balottés jusqu'à ce jour. Combien de théories n'a-t-elle pas usé, passant tour-à-tour de la souveraineté du peuple au pouvoir militaire; du pouvoir militaire à la royauté constituante: de la royauté constituante à un système vague et sans nom. Les hommes de ce système, repoussant le principe sur lequel ils posèrent le pied pour escalader le pouvoir, s'accrochent avec les mains aux planches d'un trône construit par eux à leur usage, et pensent, au nombre de quelques mille, rester toujours ainsi suspendus dans l'espace. Erreur! l'homme ne peut se soutenir et marcher que les pieds sur la terre; un gouvernement, appuyé sur la souveraineté nationale, c'est le seul principe fécond, la seule base logique et forte de l'édifice social. Les temps de réactions dans lesquels nous avons vécu nous ont empêché d'apercevoir, à travers le voile des passions, la grandeur et la force de cette vérité. Chacun de nous, en se bornant à défendre une parcelle du tout, ne peut produire que l'erreur. Réfugions-nous donc dans ce grand principe, assez vaste pour nous contenir tous ensemble, assez puissant pour donner à chacun ce qui lui appartient, pour reconnaître, assurer et défendre les droits de tous.

Puisqu'en 89 les hommes ont manqué aux principes, et non les principes aux hommes, revenons vers cette époque mémorable, et nous retrouverons aujourd'hui les Bretons ce qu'ils ont toujours été, royalistes et patriotes!

La France présente un aspect bien digne d'exciter l'attention de ses fils : nous voyons, d'un côté, les pouvoirs de l'Etat tombés dans une déconsidération complète aux yeux de la nation ; et de l'autre, cette même nation, hésitante encore et incertaine, chercher, sans la trouver, au travers des décombres amoncelés par 50 ans de révolutions, la véritable base de sa constitution.

Des architectes inhabiles et égoïstes ont inutilement essayé de construire, au nom et aux frais de la France, des édifices mesurés à leur taille ; ils devaient contenir la nation, et au premier de ses mouvements ils s'écroulèrent ; aussi voyons-nous, à cette heure, tant de débris joncher la terre, tant de ruines encore neuves entassées pêle-mêle sur le sol de la patrie.

Les opinions qui se partagent, qui se disputent le pays, commencent, heureusement, à comprendre qu'elles tenteraient en vain de se grouper à part pour *constituer* un établissement solide et viable.

La lumière qui s'est faite dans les idées, en venant éclairer toutes les faces de la situation, montre à tous les partis que le terrain exclusif de leur ancienne action est désormais trop rétréci ; ils commencent tous à s'apercevoir avec étonnement, et plusieurs avec regret, que la voie de progrès, dans laquelle tout a marché, a élargi les cercles inflexibles tracés primitivement autour d'eux, et renversé leurs anciennes et rigoureuses limites, pour ne laisser subsister qu'un seul et vaste cercle appelé *la nation*, dont il ne peuvent sortir sous peine de ne plus exister, de n'être rien.

Ce travail admirable de la France, s'assimilant à elle-même, dans sa puissante et féconde unité, toutes ses forces vitales, s'opère aujourd'hui avec une énergie dont les endormeurs de tous les partis la croyaient incapable; elle grandit trop vite maintenant pour que les lisières dont ils l'avaient enceinte puissent longtemps encore la contenir.

Les Bretons, que les questions d'ordre et de liberté n'ont jamais trouvés indifférents, doivent aujourd'hui montrer ce qu'ils sont, ce qu'ils ont toujours été, et les mots de monarchie et de libertés nationales, de France et de patrie ne sauraient les trouver muets.

Si les malheurs des temps, si la confusion des idées du juste et de l'injuste amenaient un gouvernement quelconque à dénier aux Bretons leurs franchises, n'auraient-ils point le droit de demander à ce gouvernement quand et comment ils les auraient conquis, en vertu de quelle autorité, peuple soumis, ils devraient lui payer un tribut! pourquoi ils se plieraient sous des lois qui ne seraient point les leurs, ni celles de la France, que la nation n'aurait point reconnues et contre lesquelles elle aurait protesté de tout temps.

Rien n'a pu les faire démériter de leurs pères; la voie qu'ils leurs ont tracée, il faut qu'ils la suivent avec persévérance, qu'ils demandent, comme eux, qu'ils réclament à grand cris la convocation de la nation et l'appel de tous les contribuables au vote de l'impôt de l'argent et du sang; mais, quelles que soient les prévisions de l'avenir, point d'appel à la force brutale. A l'arbitraire, opposons la légalité; au désordre des idées et des faits, leur logique elle-même; à l'absurdité, la raison.

Le vrai et le juste triompheront toujours par leur seule puissance.

Que le mot de *réforme électorale* passe de bouche en bouche; qu'il retentisse dans toute la Bretagne et dans la France entière.

Les gens du monopole finiront bien par nous entendre; il leur faudra répondre, et ce jour sera pour nous celui de la victoire; car la vérité n'admet d'autre réponse que la vérité elle-même, ou bien la force brutale; et malheur, mille fois malheur à ceux qui penseraient ne pouvoir répondre autrement, et croiraient anéantir un droit en le comprimant quelques jours!

L'histoire nous indique le moyen de brider un pouvoir qui tenterait d'être oppresseur; qui, élevé en vertu du grand principe de la souveraineté nationale, renierait cette origine par ses propres actes.

A la moindre atteinte portée à la constitution du pays, les Etats se croyaient le droit de refuser le vote de l'impôt; ils ne pouvaient payer, pensaient-ils, une administration qui ne remplissait point les fonctions pour laquelle elle avait été créée.

En dehors de ce grand principe de souveraineté nationale, il ne peut, il n'y aura jamais qu'usurpation. Peuples, princes et rois, tous sont habiles à usurper; tous peuvent le faire à leurs risques et périls; mais toute réaction appelle la réaction contraire; tout droit méconnu, la reconnaissance, la consécration de ce droit. Plus la résistance est longue et plus le droit méconnu acquiert de développement, plus sa consécration est solennelle.

En vain les gouvernements qui se sont succédé en France, depuis 89, se sont-ils débattus pour repousser les conséquences du principe qui les dominait, et qui a fini par les renverser tous au moment où ils pensaient pouvoir le renier en face, gouvernements de malentendus, ils devaient nécessairement cesser le jour où la question se posait avec clarté.

Ces malentendus doivent cesser. N'appelons plus désormais une partie de la nation, quelle qu'elle soit, à être l'interprète des autres parties; toutes ont successivement manqué, toutes manqueraient encore à la mission générale. A leur insu, le *moi* égoïste a toujours dominé leur œuvre partielle.

Aux jours où la nation était constituée par fractions, par ordres, elle ne put réaliser son œuvre; elle fut détournée de son but par les difficultés que ces antagonismes de position devaient nécessairement créer. Chacune de ces fractions, inhabile à gouverner seule au nom de tous, fut bientôt confondue dans la masse en protestant contre le nouveau pouvoir au nom de la nation, qui les recueillit et les absorba après leur chute.

Tous y ont passé, tous individuellement ont montré leur *inhabileté pratique* à dominer le pays : 89 avait résolu le principe.

Aujourd'hui ces quelques hommes sans nom et sans système, indéfinis par la nation, prétendent-ils longtemps encore dominer la masse qui réclame ses droits? Quoi! tour à tour essayant leurs forces, et succombant à l'œuvre, peuple, bourgeoisie et noblesse sont venus résigner le pouvoir et se fondre en un tout compact et homogène, et le résidu de tous ces corps épurés au creuset national prétendrait surnager comme une écume impure! Ignorent-ils donc que, si le trouble a pu les maintenir à la surface, le calme fait toujours déposer au fond les matières immondes.

Calme et digne à cette heure, la nation veut s'assembler, elle veut en finir avec le faux, garder le vrai; souriant de pitié aux derniers accents de l'erreur qui la divisait en fractions, elle fait aujourd'hui un solennel appel à tous ses vrais enfants.

Qu'un vaste symbole, résumant la pensée générale, consacre tous les droits; que les principes monarchiques, inséparables des libertés nationales et des droits de tous, soient le cri de la nation entière.

Elle seule est souveraine; à elle seule il faut obéir! Qu'elle parle, et la Bretagne, fille soumise, vigoureuse athlète, lui obéira comme à Dieu.

FIN.

www.ingramcontent.com/pod-product-compliance
Ingram Content Group UK Ltd.
Pitfield, Milton Keynes, MK11 3LW, UK
UKHW012124240726
13965UKWH00005B/1948